FINGERSTEMPELN
TIERE
MIT 7 FINGERSTEMPELFARBEN

Text: **Fiona Watt** Gestaltung und Illustrationen: **Erica Harrison**

TIPPS ZUM FINGERSTEMPELN

Drücke deinen Finger mehrmals auf das Stempelkissen, damit du genug Farbe daran hast, um schöne Abdrücke zu machen.

Säubere deine Finger an einem Stück Küchenpapier, bevor du eine andere Farbe benutzt. Wenn du fertig bist, wasche deine Hände mit warmem Wasser und Seife.

Halte die Farbe von deiner Kleidung und empfindlichen Flächen fern, damit diese keine Flecken bekommen. Nimm deine Finger nicht in den Mund, denn die Farbe schmeckt bitter.

Benutze verschiedene Finger, um unterschiedlich große Abdrücke zu machen. Mit der Spitze deines Fingers kannst du einen runden Abdruck stempeln.

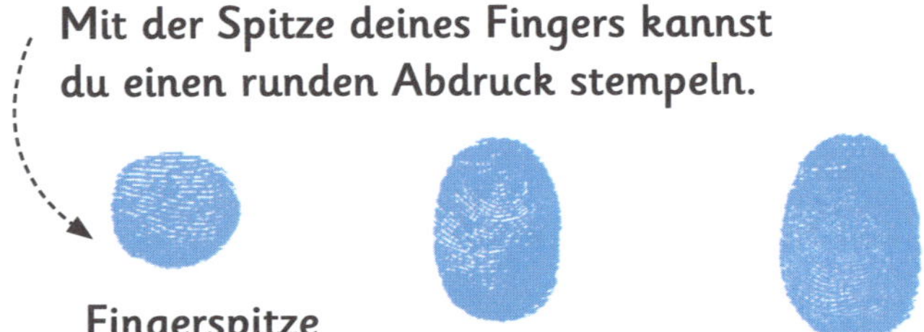

Fingerspitze

Zeigefinger

Daumen

Warte, bis deine Fingerabdrücke ganz trocken sind, bevor du mit einem Filzstift darauf malst.

Benutze verschiedene Finger, um viele bunte Vögel zu drucken.

1. 2. 3.

Drucke noch mehr Igel.

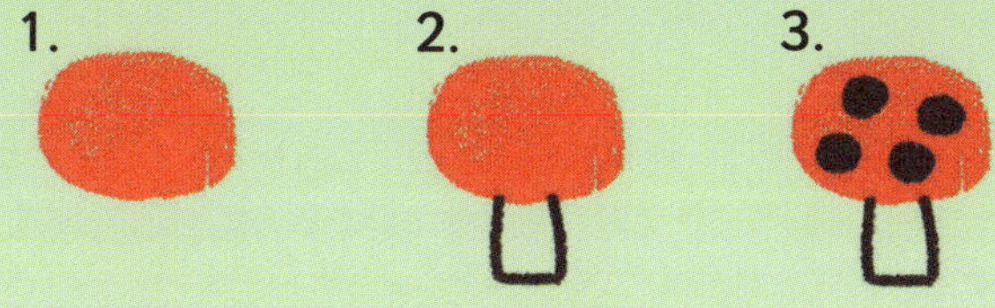

Drucke leuchtend rote Fliegenpilze.

Drucke weitere Bienen, die um den Bär und seinen Honigtopf herumsummen.

1. 

2. 

3. 

Die Pfoten des Bären sind voller Honig. Drucke noch mehr Honigspuren.

Drucke noch mehr Koalas, die an den Bäumen hochklettern.

Diese Hennen brüten.
Drucke einige Eier.

Du kannst Punkte
auf die Eier malen.

1. 

2. 

Drucke viele kleine Küken.

Male Eierschalen für frisch geschlüpfte Küken.

1. 

2. 

Gib diesem
Leoparden
viele bunte
Punkte.

Drucke die Hunde der Kinder.

1.
2.
3.
4.

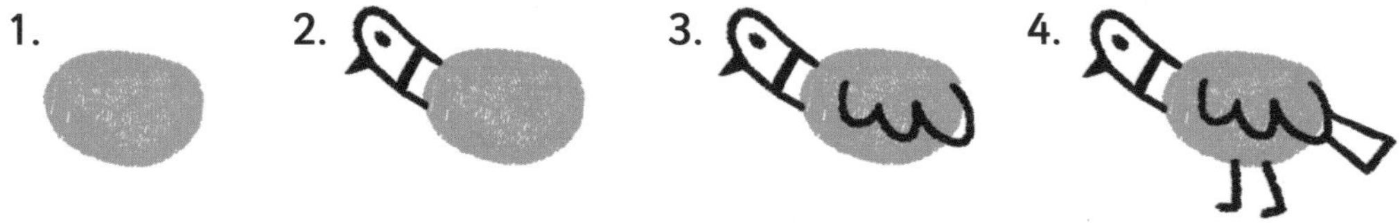

Setze weitere Tauben auf die Statue.

Male und drucke dem Pfau
noch mehr prächtige Federn.

Fülle die Weide mit Pferden.

Drucke weitere bunte Schafe.

Fülle die Käfige mit tropischen Vögeln.

Drucke noch mehr Schlangen, die sich zischelnd durch die Wüste schlängeln.

1.

2.

3.

So druckst du einen Kaktus:

1.

2.

3.

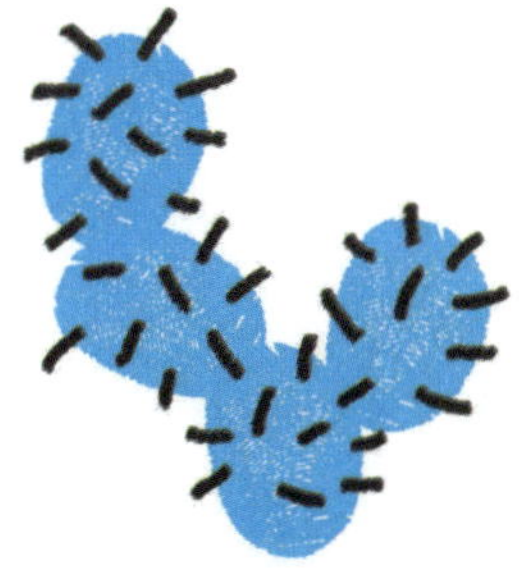

Fülle diese Seite mit Fruchtfliegen.

1.

2.

3.

Male ihnen Beine, mit denen sie auf den Früchten landen können.

1.

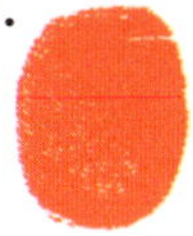

2.

3.

4.

Diese Sammlung braucht noch mehr exotische Käfer.

Fülle diese Seiten mit Katzen.

So druckst du eine sitzende Katze:

Benutze nur deine Fingerspitze, um die Augen
und Ohren dieser Pandas zu bedrucken.

Setze noch mehr Eichhörnchen auf die Äste.

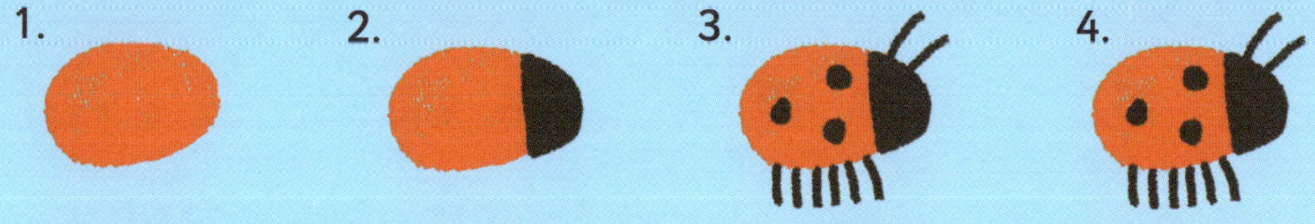

Drucke viele bunte Marienkäfer.

Füge noch mehr Glücksklee hinzu.

Bedecke die Krokodile
mit grünen oder
bunten Schuppen.

1. 2. 3.

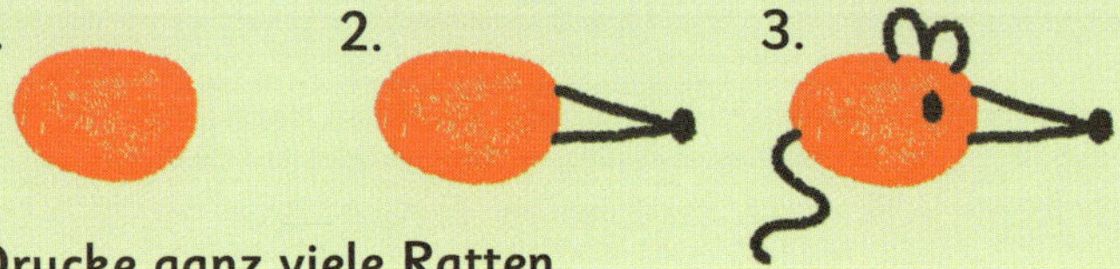

Drucke ganz viele Ratten.

Drucke viele kleine Feldmäuse.

Füge weitere Kornähren hinzu.

Fülle das Meer mit schwimmenden Schildkröten.

Male noch mehr kleine Fische.

Drucke weitere Löwen in die Steppe.

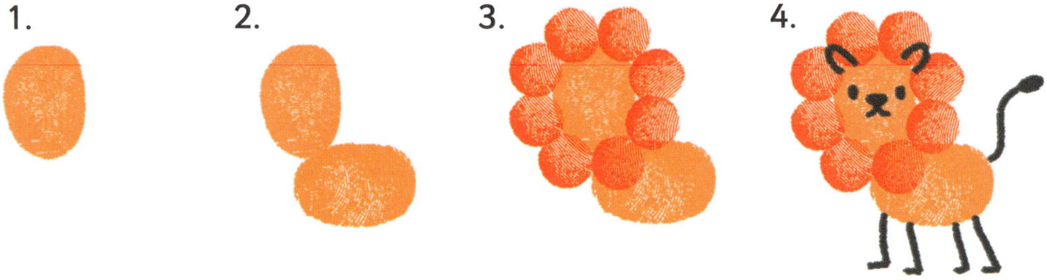

Setze noch mehr Menschen in den Safari-Jeep.

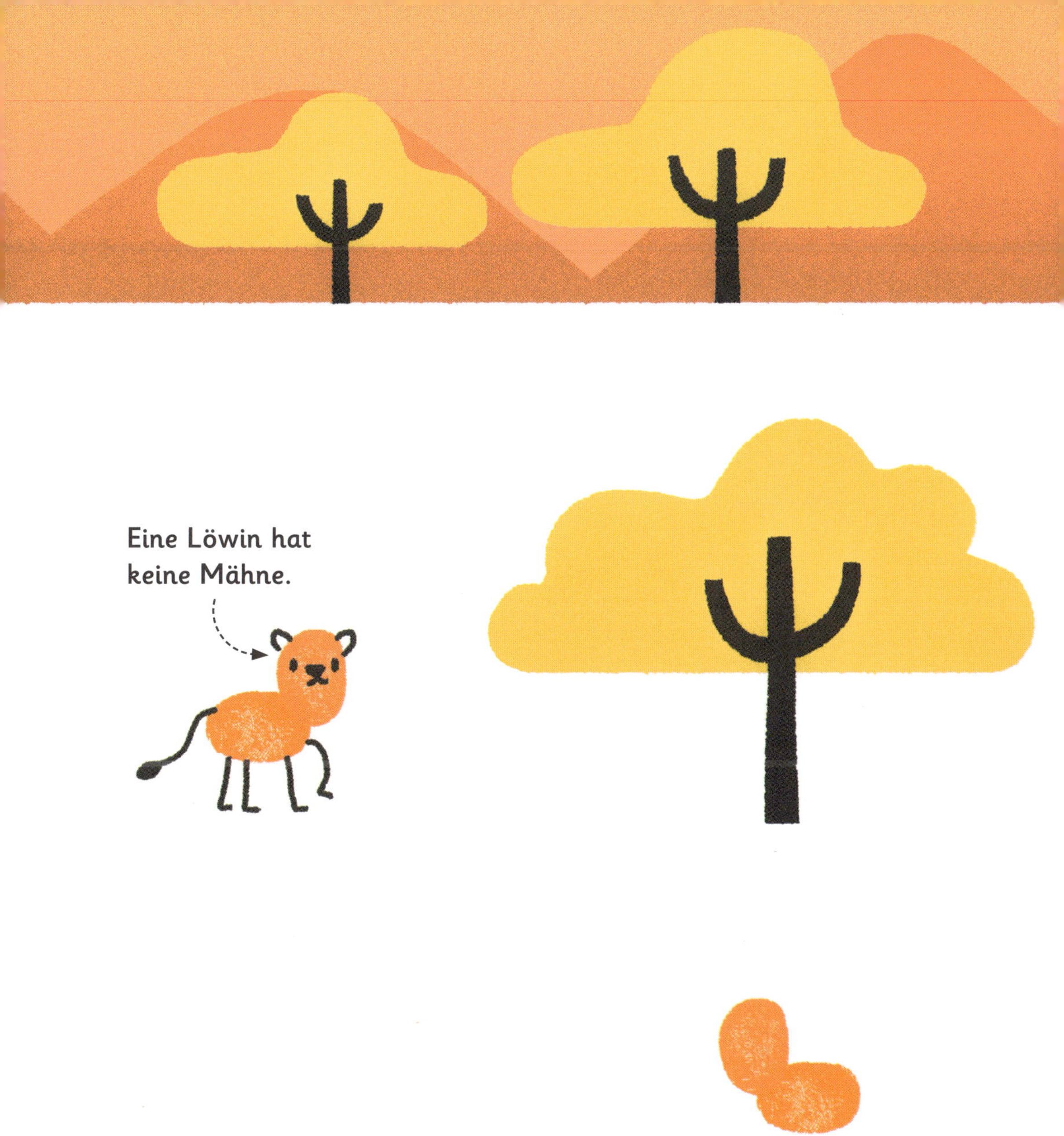
Eine Löwin hat keine Mähne.

Setze noch mehr Hasen in das Gemüsebeet.

Drucke noch mehr Gemüse.

Salat

Gib diesen Kühen bunte Flecken.

1. 2. 3. 4.

Drucke Flamingos, die im Wasser stehen.

Drucke Enten, die auf dem Teich schwimmen.

Füge auch Entenküken hinzu.

Drucke bunte Punkte auf die
großen Schneckenhäuser.

Drucke Häuser auf die Rücken dieser Schneckenbabys.

Fülle diese Seiten mit Fledermäusen.

Drucke Blätter an die Bäume.

Hänge schlafende Fledermäuse an die Äste.

Dieser Wal prustet Wasser aus seinem Atemloch. Drucke weitere Wassertropfen.

Fülle das Meer mit vielen bunten Fischen.

Male Striche hinter die springenden Fische.

1. 2. 3.

Fülle diese Seiten mit frechen Möwen.

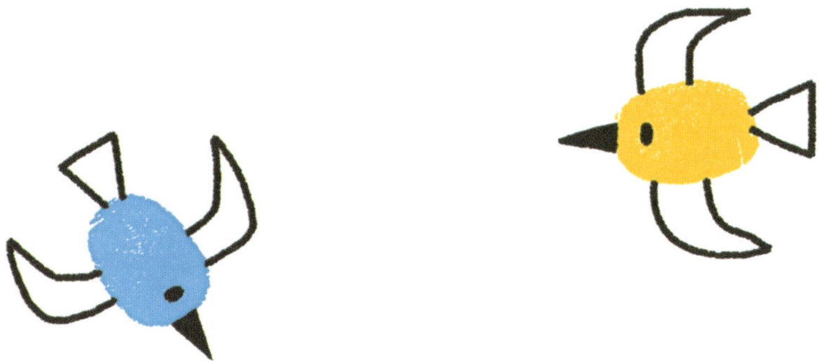

Drucke Affen, die an den Lianen schwingen.

1. 2. 3. 4.

Fülle diese Seite mit flatternden Schmetterlingen.

Drucke auch Schmetterlinge, die auf den Blumen sitzen.

1. 2. 3.

Drucke weitere Ameisen, die vor dem hungrigen Ameisenbär weglaufen.

1.
2.

Fülle diesen Käfig mit quirligen Hamstern.

Benutze deine Fingerspitze, um die Gesichter dieser Pinguine gelb zu färben.

Setze Krabben in die Tümpel.

Fülle das Goldfischglas
mit kleinen Fischen.

Übersetzung aus dem Englischen: Ulrike Bonk • Redaktion der deutschen Ausgabe: Julia Hanauer

16. Auflage 2025 © 2016 für die deutsche Ausgabe: Usborne Publishing Limited, 83-85 Saffron Hill, London EC1N 8RT, Großbritannien. Deutsche Niederlassung: Usborne Verlag GmbH, Prüfeninger Str. 20, 93049 Regensburg, Deutschland. Titel der Originalausgabe: Fingerprint Activities Animals © 2016 Usborne Publishing Limited, London.